Impressum
Verlag: BABADADA GmbH, Nedderfeld 112 , 22529 Hamburg
Geschäftsführer / Verlagsleitung: Harald Hof
Druck: Books on Demand GmbH, In de Tarpen 42, 22848 Norderstedt

Imprint
Publisher: BABADADA GmbH, Nedderfeld 112 , 22529 Hamburg, Germany
Managing Director / Publishing direction: Harald Hof
Print: Books on Demand GmbH, In de Tarpen 42, 22848 Norderstedt

# l'école
## de School

diviser
delen

186/2

le tableau noir
de Tafel

la salle de classe
de Klassenstuuv

la cour (de récréation)
de Schoolhoff

le professeur
de Schoolmeester

le papier
dat Papeer

écrire
schrieven

le stylo
de Sticken

le bureau
de Schrievdisch

la règle
dat Lienholt

le livre
dat Book

l'élève
de Schöler

le cartable

de Ranzel

la trousse

de Feddermapp

le crayon

de Bleesticken

le taille-crayon

de Scharpmaker

la gomme

dat Radeergummi

le carnet à dessin

de Tekenblock

le dessin

de Teken

le pinceau

de Pinsel

la boîte de peinture

de Malkassen

les ciseaux

de Scheer

la colle

de Klever

le cahier d'exercices

dat Heft to'n Öven

les devoirs

de Huusopgaav

le chiffre

de Tall

additionner

tohooptellen

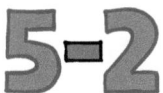

soustraire

aftrecken

multiplier

malnehmen

calculer

reken

la lettre

de Bookstaav

l'alphabet

dat ABC

le mot

dat Woort

le texte

de Text

lire

lesen

la craie

de Kried

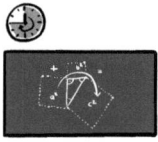

la leçon

de Stunn

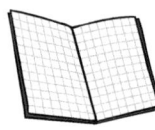

le livre de classe

dat Klassenbook

l'examen

de Pröven

le certificat

dat Tüügnis

l'uniforme scolaire

de Schooluniform

la formation

de Utbillen

le lexique

dat Nakieksel

l'université

de Universität

le microscope

dat Mikroskop

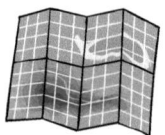

la carte

de Koort

la corbeille à papier

de Papeerkorf

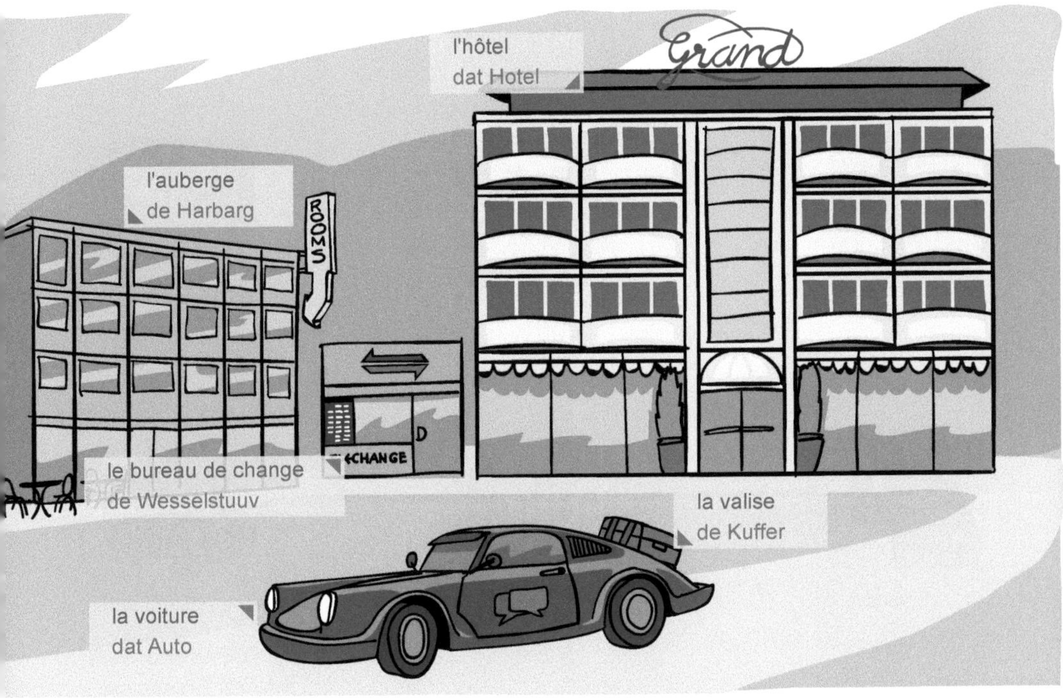

l'hôtel
dat Hotel
Grand
l'auberge
de Harbarg
ROOMS
CHANGE
le bureau de change
de Wesselstuuv
la valise
de Kuffer
la voiture
dat Auto

la langue

de Spraak

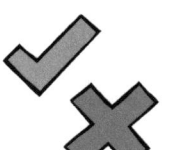

oui / non

jo / ne

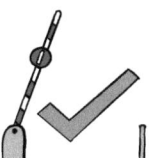

d'accord

Jo

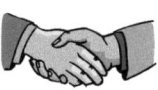

Salut

Moin

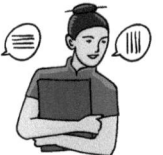

l'interprète

de Översetter

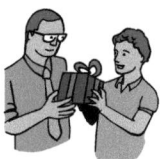

merci

Dank ok

**Combien coûte...?**

Wat kost...?

**Je ne comprends pas**

Ik verstah nich

**le problème**

dat Problem

**Bonsoir !**

Goden Avend

**Bonjour !**

Moin!

**Bonne nuit !**

Gode Nacht!

**Au revoir**

Tschüüs

**la direction**

de Richt

**les bagages**

de Bagaasch

**le sac**

de Tasch

**le sac-à-dos**

de Rüchsack

**l'hôte**

de Gast

**la pièce**

de Stuuv

**le sac de couchage**

de Slaapsack

**la tente**

dat Telt

l'office de tourisme
e Touristeninformatschoon

la plage
de Strand

la carte de crédit
de Kreditkoort

le petit-déjeuner
dat Fröhstück

le déjeuner
dat Meddageten

le dîner
dat Avendeten

le billet
de Fohrkort

l'ascenseur
de Fohrstohl

le timbre
de Breefmark

la frontière
de Grenz

la douane
de Toll

l'ambassade
de Bottschop

le visa
dat Visum

le passeport
de Pass

# le transport
# de Transport

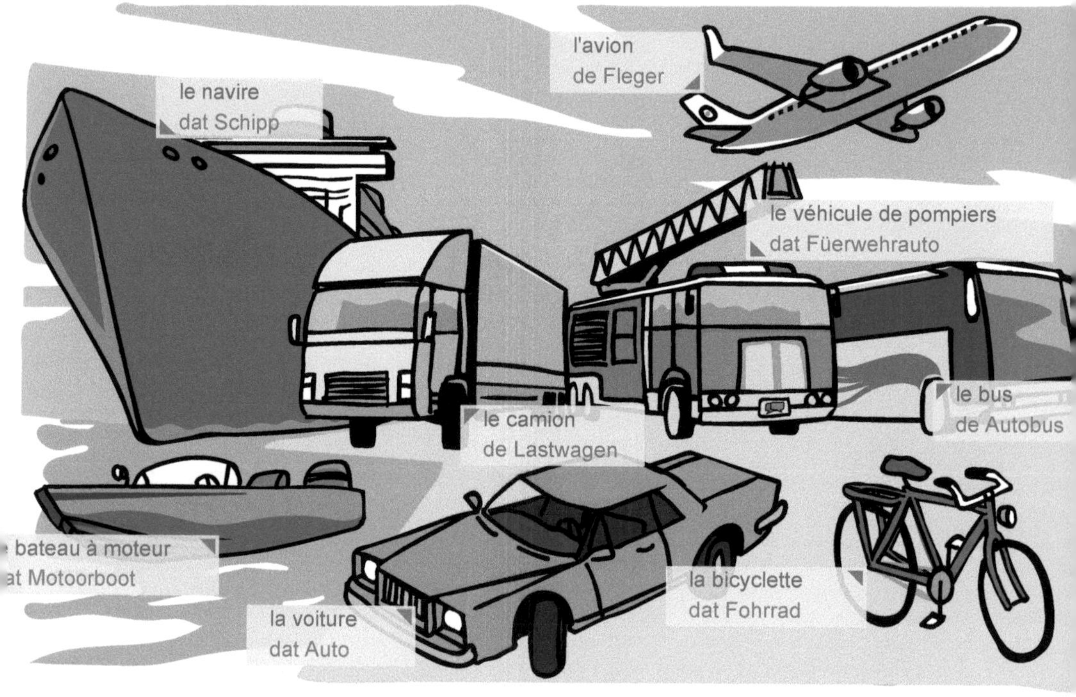
l'avion
de Fleger
le navire
dat Schipp
le véhicule de pompiers
dat Füerwehrauto
le camion
de Lastwagen
le bus
de Autobus
bateau à moteur
at Motoorboot
la voiture
dat Auto
la bicyclette
dat Fohrrad

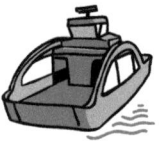

le ferry
de Fähr

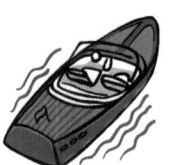

la barque
dat Boot

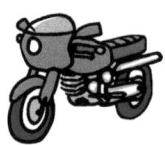

la moto
dat Motoorrad

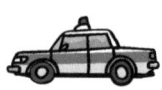

la voiture de police
dat Polizeiauto

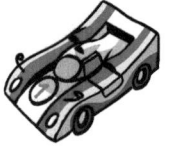

la voiture de course
dat Rönnauto

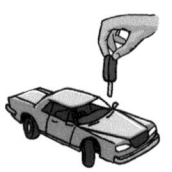

la voiture de location
de Lehnwagen

l'auto-partage

dat Carsharing

la voiture de remorquage

de Afsleepwagen

la benne à ordures

dat Müllauto

le moteur

de Motoor

l'essence

de Kraftstoff

la station d'essence

de Tanksteed

le panneau indicateur

dat Verkehrsschild

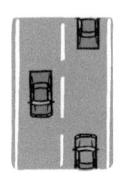

le trafic

de Verkehr

l'embouteillage

de Stau

le parking

de Afstellplatz

la gare

de Bahnhoff

les rails

de Sporen

le train

de Tog

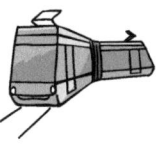

le tramway

de Stratenbahn

le wagon

de Wagon

l'hélicoptère

de Dwarsmöhl

l'aéroport

de Flooghaven

la tour

de Tower

le passager

de Fohrgast

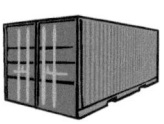

le conteneur

de Grootkist

le carton

de Karton

le chariot

de Koor

la corbeille

de Korf

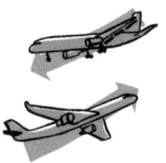

décoller / atterrir

starten / lannen

## la ville
## de Stadt

le village

dat Dörp

le centre-ville

de Binnenstadt

la maison

dat Huus

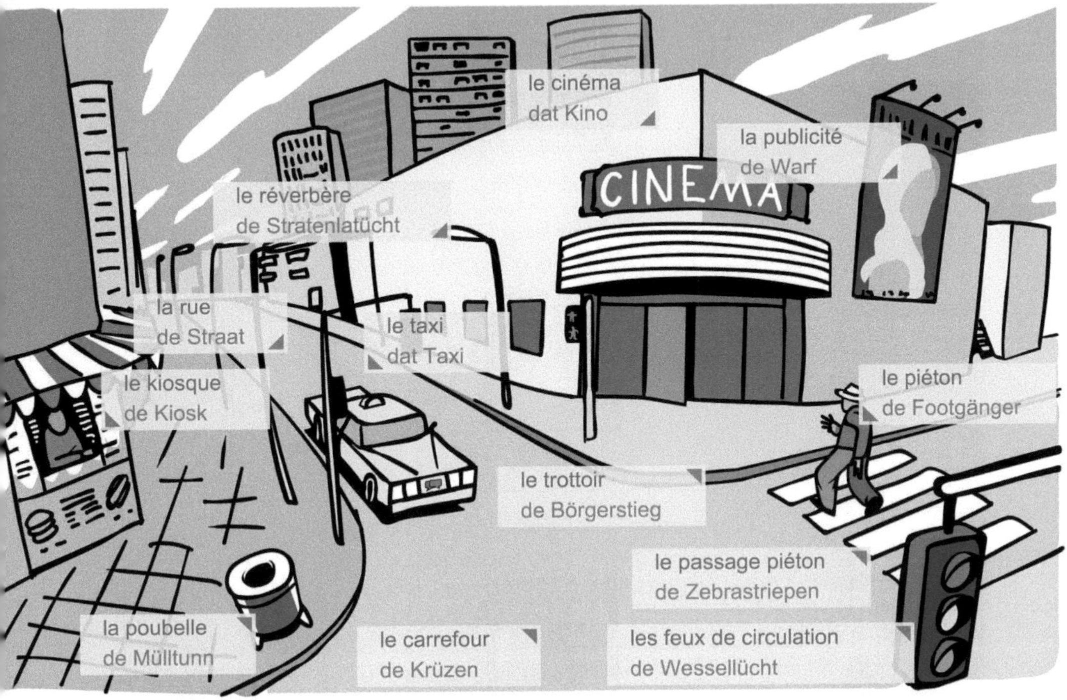

le cinéma
dat Kino

la publicité
de Warf

le réverbère
de Stratenlatücht

la rue
de Straat

le taxi
dat Taxi

le kiosque
de Kiosk

le piéton
de Footgänger

le trottoir
de Börgerstieg

le passage piéton
de Zebrastriepen

la poubelle
de Mülltunn

le carrefour
de Krüzen

les feux de circulation
de Wessellücht

la cabane
de Hütt

l'appartement
de Wahnung

la gare
de Bahnhoff

la mairie
dat Raathuus

le musée
dat Museum

l'école
de School

la ville - de Stadt

l'université

de Universität

la banque

de Bank

l'hôpital

dat Krankenhuus

l'hôtel

dat Hotel

la pharmacie

de Afteek

le bureau

dat Büro

la librairie

de Bookhökerie

le magasin

de Hökerie

le fleuriste

de Blomenhökerie

le supermarché

de Supermarkt

le marché

de Markt

le grand magasin

dat Koophuus

la poissonnerie

de Fischhökerie

le centre commercial

dat Inkoopszentrum

le port

de Haven

le parc

de Parkanlaag

la banque

de Bank

le pont

de Brüch

les escaliers

de Trepp

le métro

de Ünnergrundbahn

le tunnel

de Tunnel

l'arrêt de bus

de Busstoppsteed

le bar

de Bar

le restaurant

dat Spieslokal

la boîte à lettres

de Breefkassen

le panneau indicateur

dat Stratenschild

le parcmètre

de Parkklock

le zoo

de Deertenpark

le réverbère

de Baadanstalt

la mosquée

de Moschee

la ferme
de Buernhoff

la pollution
de Ümweltversmudden

la cimetière
de Karkhoff

l'église
de Kark

l'aire de jeux
de Speelplatz

le temple
de Tempel

# le paysage
# de Landschop

la feuille
dat Blatt

le panneau indicateur
de Wiespahl

le chemin
de Weg

le pré
de Wisch

la pierre
de Steen

le randonneur
de Wannerer

l'arbre
de Boom

la rivière
de Fluss

l'herbe
dat Gras

la fleur
de Bloom

la vallée
...................
dat Daal

la montagne
...................
de Barg

le lac
...................
de See

la forêt
...................
dat Holt

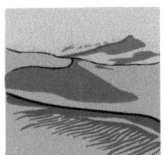

le désert
...................
de Wööst

le volcan
...................
de Füerspien Barg

le château
...................
dat Slott

l'arc-en-ciel
...................
de Regenbagen

le champignon
...................
de Poggenstohl

le palmier
...................
de Palm

le moustique
...................
de Steekmück

la mouche
...................
de Fleeg

les fourmis
...................
de Miegeemk

l'abeille
...................
de Imm

l'araignée
...................
de Spinn

le coléoptère

de Sebber

la grenouille

de Pogg

l'écureuil

de Katteker

le hérisson

de Swienegel

le lièvre

de Haas

la chouette

de Uul

l'oiseau

de Vagel

le cygne

de Swaan

le sanglier

dat Wildswien

le cerf

de Hirsch

l'élan

de Elk

le barrage

de Staudamm

l'éolienne

dat Windrad

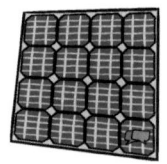

le panneau solaire

dat Solarmodul

le climat

dat Klima

# le restaurant
# dat Spieslokal

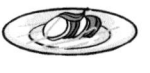

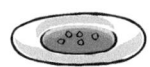

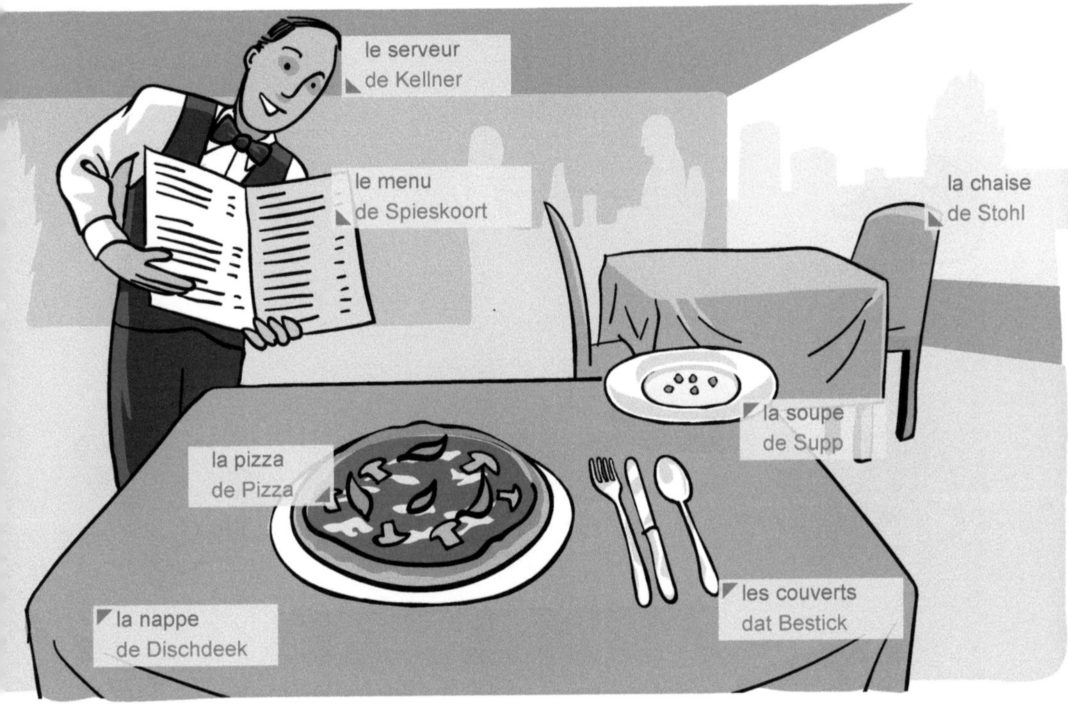
le serveur
de Kellner
le menu
de Spieskoort
la chaise
de Stohl
la soupe
de Supp
la pizza
de Pizza
les couverts
dat Bestick
la nappe
de Dischdeek

les hors d'œuvre

de Vörspies

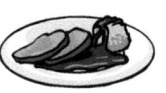

le plat principal

dat Haupteten

le dessert

de Nadisch

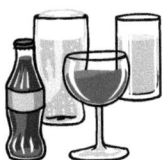

les boissons

de Drünk

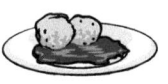

l'alimentation

dat Eten

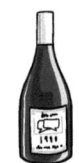

la bouteille

de Buddel

le fast-food

dat Fastfood

les plats à emporter

dat Strateneten

la théière

de Teekann

le sucrier

de Zuckerdoos

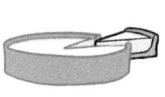

la portion

de Portschoon

la machine à expresso

de Espressomaschien

la chaise haute

de Hoochstohl

la facture

de Reken

le plateau

dat Tablett

le couteau

dat Mess

la fourchette

de Gavel

la cuillère

de Lepel

la cuillère à thé

de Teelepel

la serviette

dat Munddook

le verre

dat Glas

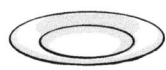

l'assiette

de Töller

l'assiette à soupe

de Suppentöller

la soucoupe

de Ünnertass

la sauce

de Sooß

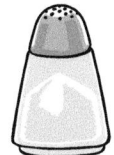

la salière

de Soltstreuer

le moulin à poivre

de Pepermöhl

le vinaigre

de Etig

l'huile

dat Ööl

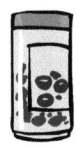

les épices

de Krüder

le ketchup

de Ketchup

la moutarde

de Mostrich

la mayonnaise

de Mayonnaise

# le supermarché
## de Supermarkt

l'offre promotionnelle
dat Anbott
le client
de Kunn
les produits laitiers
de Melkprodukten
le chariot
de Inkoopswagen
les fruits
dat Aaft
FOR

BUTCHERS

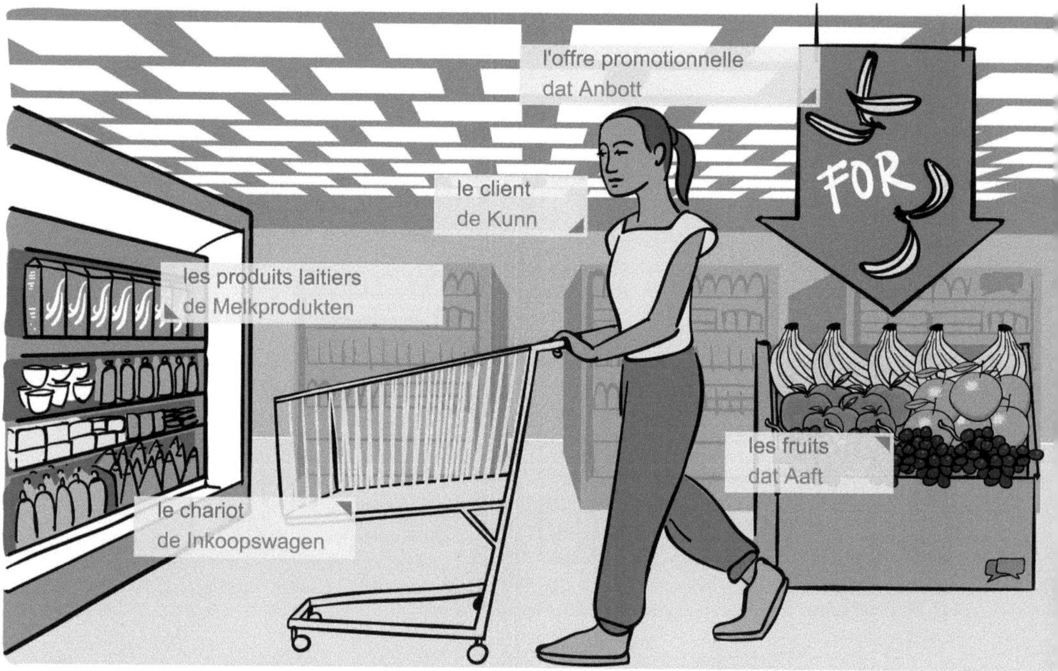

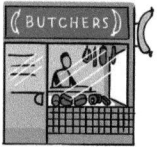

la boucherie

de Slachterie

BAKERY

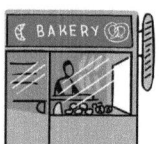

la boulangerie

de Bäckerie

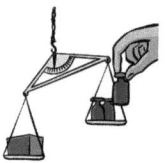

peser

wegen

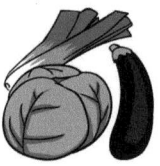

les légumes

de Gröönsaken

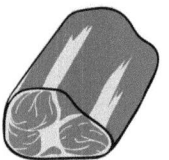

la viande

dat Fleesch

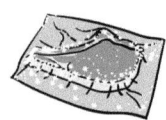

les aliments surgelés

de Deepköhlkost

la charcuterie

de Opsnitt

les conserves

de Konserven

la poudre à lessive

de Waschmiddel

les bonbons

de Snoopkraam

les articles ménagers

de Huushooltssaken

les détergents

de Reinmaaktüüch

la vendeuse

de Verköpersche

la caisse

de Kass

le caissier

de Kasserer

la liste d'achats

de Inkoopslist

les heures d'ouverture

de Opsparrtieden

le portefeuille

de Breeftasch

la carte de crédit

de Kreditkoort

le sac

de Tasch

le sac en plastique

de Plastiktüüt

# les boissons
## de Drünk

l'eau

dat Water

le jus de fruit

de Saft

le lait

de Melk

le coca

de Cola

le vin

de Wien

la bière

dat Beer

l'alcool

de Spriet

le chocolat chaud

de Kakao

le thé

de Tee

le café

de Koffie

l'expresso

de Espresso

le cappuccino

de Cappucino

la banane

de Banaan

la pomme

de Appel

l'orange

de Appelsien

le melon

de Meloon

le citron.

de Zitroon

la carotte

de Wöttel

l'ail

de Knuuvlook

le bambou

de Bambus

l'oignon

de Zibbel

le champignon

de Poggenstohl

les noisettes

de Nööt

les pâtes

de Nudeln

les spaghetti

de Spaghetti

le riz

de Ries

la salade

de Salat

les pommes frites

de Pommes frites

les pommes de terre rôties

de Braadkantüffeln

la pizza

de Pizza

le hamburger

de Hamborger

le sandwich

dat Sandwich

l'escalope

dat Snitzel

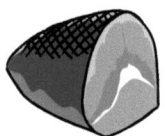

le jambon

de Schinken

le salami

de Salami

la saucisse

de Wust

le poulet

dat Hohn

le rôti

de Braden

le poisson

de Fisch

les flocons d'avoine

de Haverflocken

le muesli

dat Müsli

les cornflakes

de Cornflakes

la farine

dat Mehl

le croissant

de Croissant

les petits-pains

dat Rundstück

le pain

dat Broot

le pain grillé

dat Toast

les biscuits

de Keksen

le beurre

de Botter

le fromage blanc

de Quark

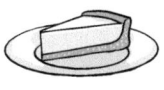

le gâteau

de Koken

l'œuf

dat Ei

l'œuf au plat

dat Spegelei

le fromage

de Kees

la glace

de Ies

le sucre

de Zucker

le miel

de Honnig

la confiture

de Marmelaad

la crème nougat

de Nougat-Creme

le curry

dat Curry

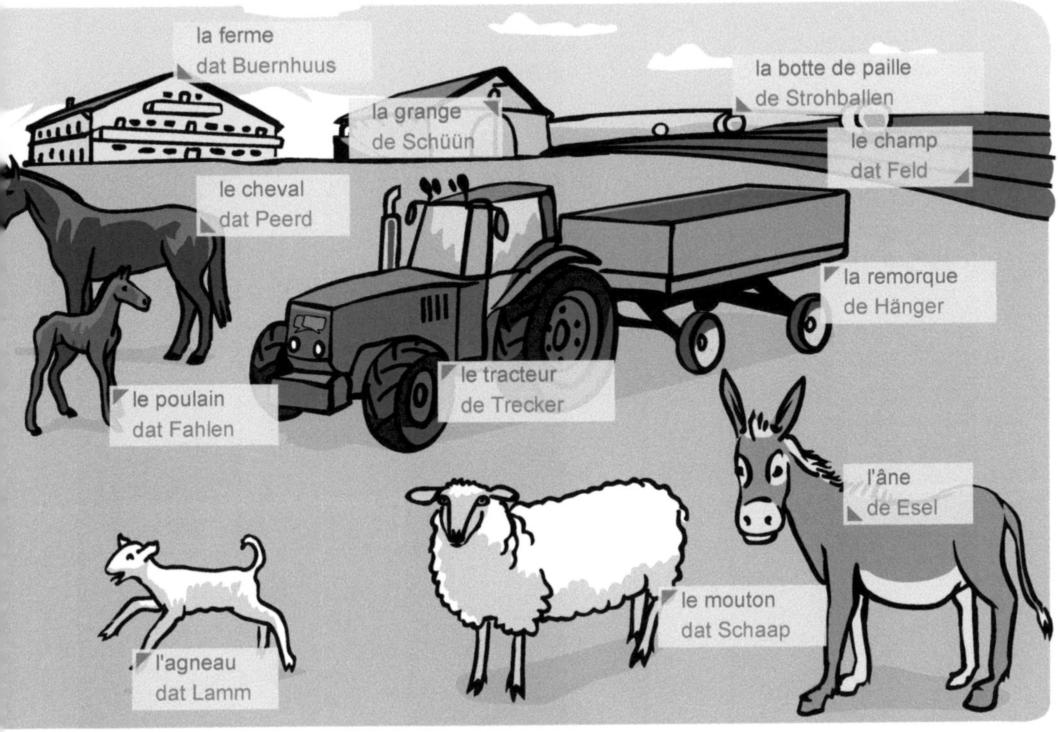

la ferme
dat Buernhuus

la grange
de Schüün

la botte de paille
de Strohballen

le champ
dat Feld

le cheval
dat Peerd

la remorque
de Hänger

le poulain
dat Fahlen

le tracteur
de Trecker

l'âne
de Esel

l'agneau
dat Lamm

le mouton
dat Schaap

la chèvre
de Zeeg

la vache
de Koh

le veau
dat Kalf

le porc
dat Swien

le porcelet
dat Farken

le taureau
de Bull

l'oie

de Goos

le canard

de Aant

le poussin

dat Küken

la poule

dat Hohn

le coq

de Hahn

le rat

de Rott

le chat

de Katt

la souris

de Muus

le bœuf

de Oss

le chien

de Hund

le chenil

de Hunnenhütt

le tuyau de jardin

de Goornslauch

l'arrosoir

de Geetkann

la faucheuse

de Lee

la charrue

de Ploog

la faucille
......................
de Sich

la pioche
......................
de Hack

la fourche
......................
de Mestfork

la hache
......................
de Ext

la brouette
......................
de Schuufkoor

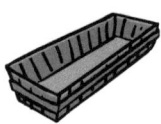

la cuve
......................
de Trog

le pot à lait
......................
de Melkkann

le sac
......................
de Sack

la clôture
......................
de Tuun

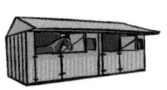

l'étable
......................
de Stall

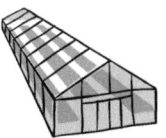

le serre
......................
dat Drievhuus

le sol
......................
de Bodden

les semences
......................
de Saat

l'engrais
......................
de Dünger

la moissonneuse-batteuse
......................
de Meihdöscher

récolter

oornen

la récolte

de Oorn

l'igname

de Yamswöttel

le blé

de Weten

le soja

dat Soja

la pomme de terre

de Kantüffel

le maïs

de Törksche Weten

le colza

de Rapp

l'arbre fruitier

de Aaftboom

le manioc

de Troopsch Kantüffel

les céréales

dat Koorn

# la maison

# dat Huus

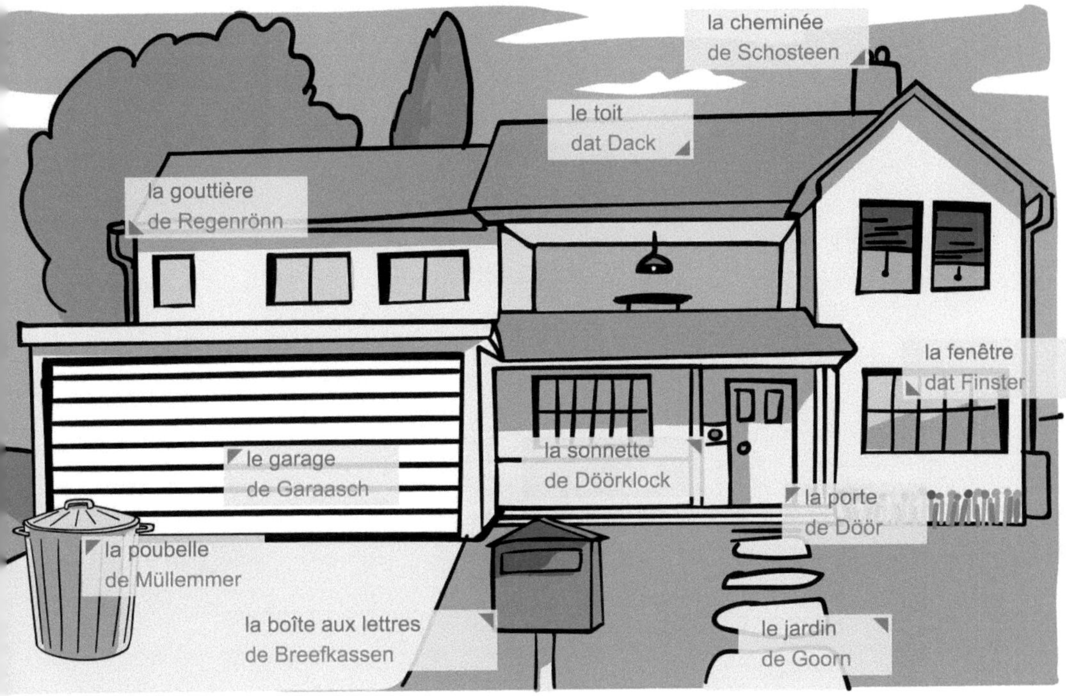
la cheminée
de Schosteen
le toit
dat Dack
la gouttière
de Regenrönn
la fenêtre
dat Finster
le garage
de Garaasch
la sonnette
de Döörklock
la porte
de Döör
la poubelle
de Müllemmer
la boîte aux lettres
de Breefkassen
le jardin
de Goorn

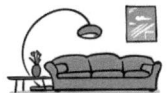

le salon

de Wahnstuuv

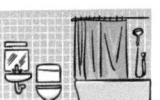

la salle de bain

de Baadstuuv

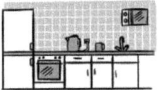

la cuisine

de Köök

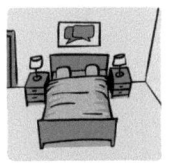

la chambre à coucher

de Slaapstuuv

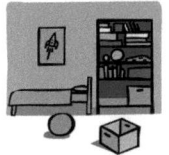

la chambre d'enfant

de Kinnerstuuv

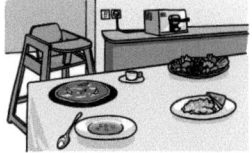

la salle à manger

de Eetstuuv

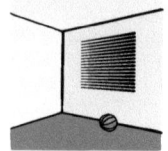

le sol

de Footbodden

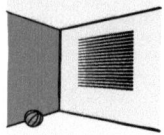

le mur

de Wand

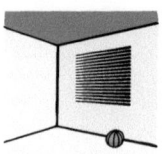

le plafond

de Deek

la cave

de Keller

le sauna

dat Hittluftbad

le balcon

de Balkon

la terrasse

de Terrass

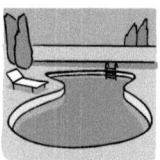

la piscine

dat Swümmbad

la tondeuse à gazon

de Rasenmeiher

la housse

de Bettbetog

la couette

de Bettdeek

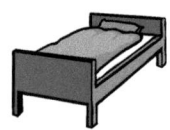

le lit

de Puuch

le balai

de Bessen

le sceau

de Emmer

l'interrupteur

de Schalter

la maison - dat Huus

# le salon
# de Wahnstuuv

le papier peint
de Tapeet
l'image
dat Bild
la lampe
de Lamp
l'étagère
dat Regal
l'armoire
dat Schapp
la télé
de Kiekkassen
la cheminée
de Kamin
la fleur
de Bloom
le coussin
dat Küssen
le sofa
dat Sofa
le vase
de Vaas
la télécommande
de Feernbedenen

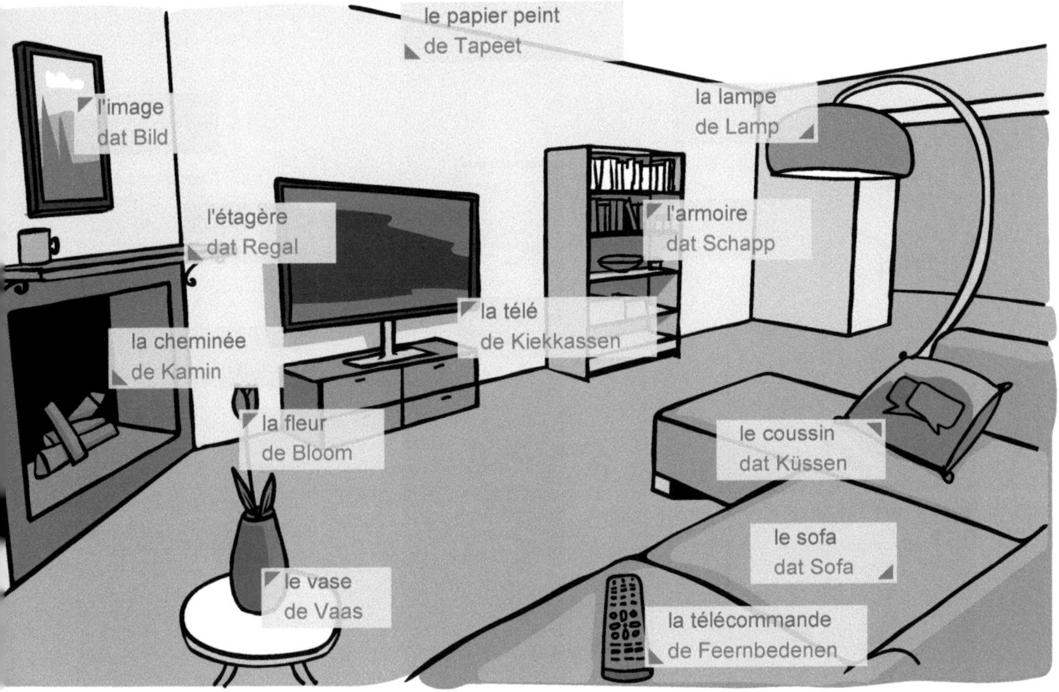

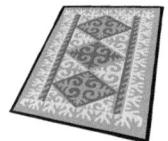

le tapis

de Teppich

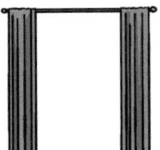

le rideau

de Vörhang

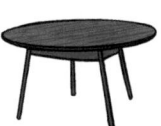

la table

de Disch

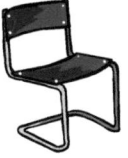

la chaise

de Stohl

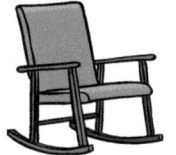

la chaise à bascule

de Schuckelstohl

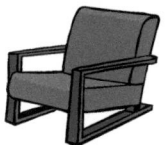

le fauteuil

de Sessel

le livre

dat Book

la couverture

de Deek

la décoration

de Dekoratschoon

le bois de chauffage

dat Füerholt

le film

de Film

la chaîne hi-fi

de Stereoanlaag

la clé

de Slötel

le journal

dat Narichtenblatt

la peinture

dat Gemälde

le poster

dat Poster

la radio

dat Radio

le bloc-notes

de Opschrievblock

l'aspirateur

de Huulbessen

le cactus

de Kaktus

la bougie

de Kars

# la cuisine
## de Köök

le réfrigérateur
dat Köhlschapp
le four à micro-ondes
de Mikrowell
la balance de cuisine
de Kökenwaag
le grille-pain
de Toaster
le détergent
dat Reinmaakmiddel
le four
de Backaven
le compartiment congélateur
dat Gefreerfack
la poubelle
de Müllemmer
le lave-vaisselle
de Opwaschmaschien

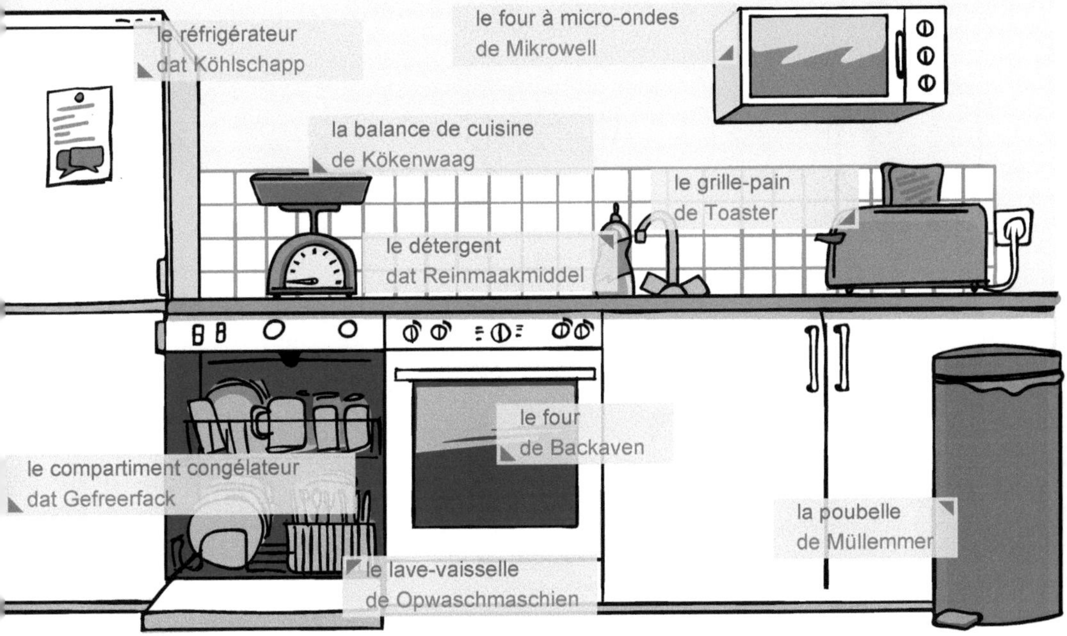

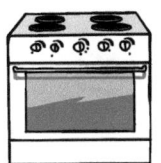

le four
de Heerd

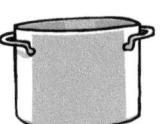

la casserole
de Pott

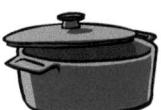

la marmite
de Gussiesern Putt

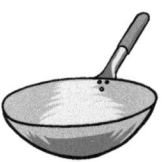

le wok / kadai
de Wok / Kadai

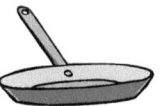

la poêle
de Pann

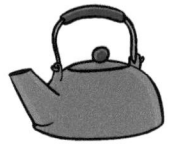

la bouilloire electrique
de Waterkaker

le cuiseur vapeur

de Dampkaakputt

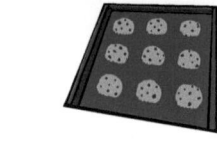

la plaque de cuisson

dat Backblick

la vaisselle

dat Geschirr

le gobelet

de Beker

la coupe

de Schaal

les baguettes

de Eetsticken

la louche

de Suppenkell

la spatule

de Pannenwenner

le fouet

de Sneebessen

la passoire

dat Kaakseef

le tamis

dat Seef

la râpe

de Riev

le mortier

de Mörser

le barbecue

de Grill

la cheminée

de Füerstell

la planche à découper

dat Sniedbrett

le rouleau à pâtisserie

dat Nudelholt

le tire-bouchon

de Proppentrecker

la boîte

de Doos

l'ouvre-boîte

de Dosenaapner

les maniques

de Pottlappen

le lavabo

dat Waschbecken

la brosse

de Böst

l'éponge

de Swamm

le mixeur

de Mixer

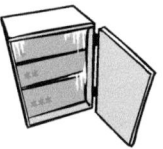

le congélateur

dat Iesschapp

le biberon

de Nuckelbuddel

le robinet

de Waterhahn

# la salle de bain
## de Baadstuuv

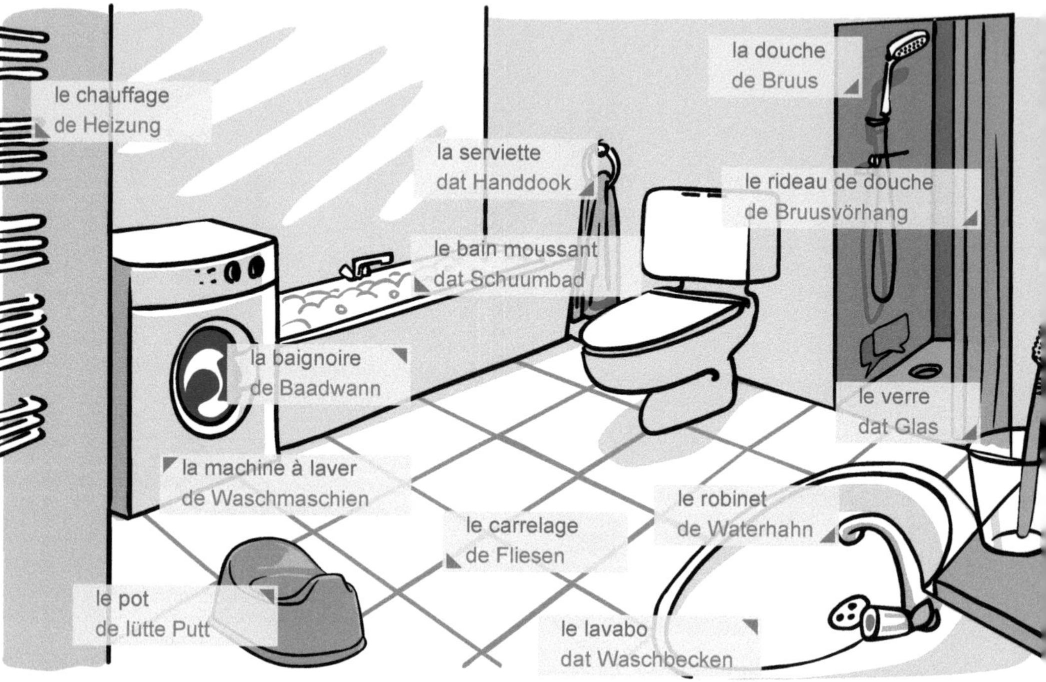

la douche
de Bruus

le chauffage
de Heizung

la serviette
dat Handdook

le rideau de douche
de Bruusvörhang

le bain moussant
dat Schuumbad

la baignoire
de Baadwann

le verre
dat Glas

la machine à laver
de Waschmaschien

le robinet
de Waterhahn

le carrelage
de Fliesen

le pot
de lütte Putt

le lavabo
dat Waschbecken

les toilettes

de Tante Meier

la toilette à la turque

de Hockklo

le bidet

dat Bidet

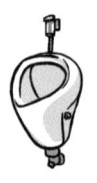

l'urinoir

dat Miegbecken

le papier toilette

dat Klopapeer

la brosse à toilette

de Kloböst

la brosse à dents

de Tähnböst

le dentifrice

de Tähnpast

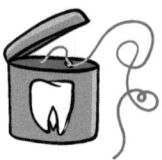

le fil dentaire

de Tähnsied

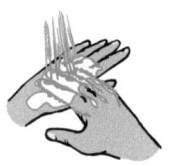

laver

waschen

la douche manuelle

de Handbruus

la douche intime

de Intimbruus

la vasque

de Waschschöttel

la brosse dorsale

de Rüchböst

le savon

de Seep

le gel douche

dat Bruusgeel

le shampooing

dat Hoorwaschmiddel

le gant de toilette

de Waschlappen

l'écoulement

de Afloop

la crème

de Creme

le déodorant

dat Deodorant

la salle de bain - de Baadstuuv

le miroir

de Spegel

le miroir cosmétique

de Kosmetikspegel

le rasoir

de Raserer

la mousse à raser

de Raseerschuum

l'après-rasage

dat Raseerwater

la peigne

de Kamm

la brosse

de Böst

le sèche-cheveux

de Hoordröger

la laque pour cheveux

dat Hoorspray

le fond de teint

de Smink

le rouge à lèvres

de Lippensticken

le vernis à ongles

de Nagellack

l'ouate

de Watt

le coupe-ongles

de Nagelscheer

le parfum

dat Rüükwater

la trousse de toilette

de Kulturbüdel

le tabouret

de Schemel

le pèse-personne

de Waag

le peignoir

de Baadmantel

les gants de nettoyage

de Gummihanschen

le tampon

de Tampon

les serviettes hygiéniques

de Damenbinn

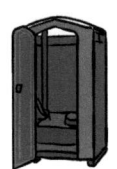

la toilette chimique

dat Chemieklo

# la chambre d'enfant

# de Kinnerstuuv

le réveil
de Wecker
le doudou
dat Knudeldeert
la voiture jouet
dat Speeltüüchauto
le hochet
de Klöter
la maison de poupée
dat Poppenhuus
le cadeau
dat Geschenk


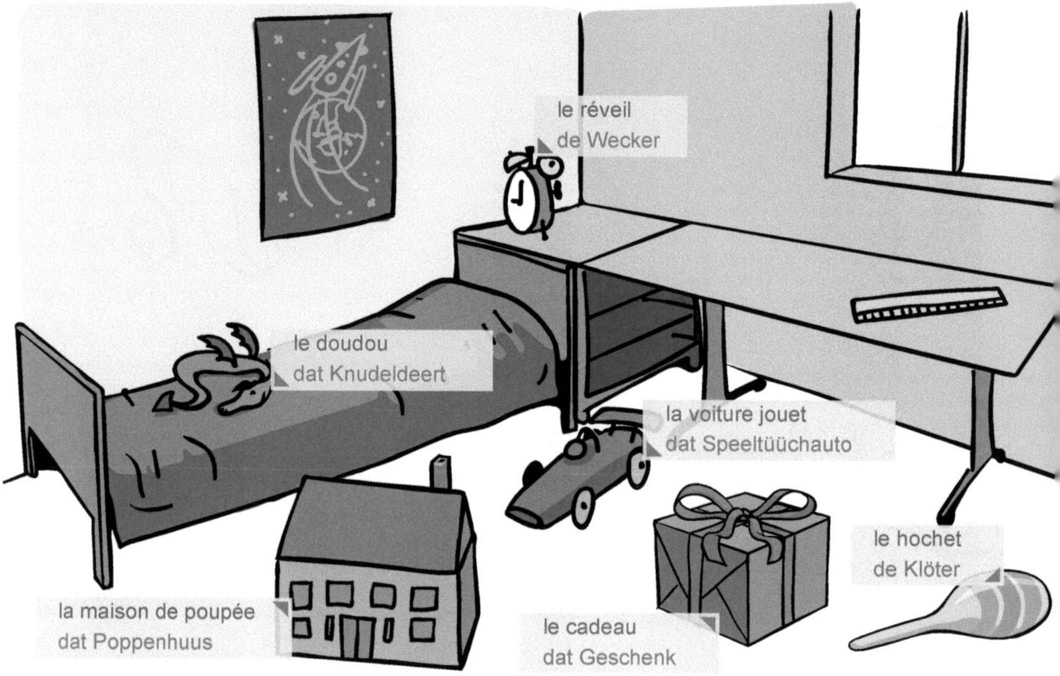

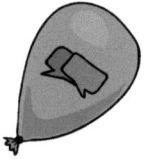

le ballon

de Luftballon

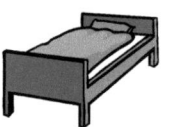

le lit

de Puuch

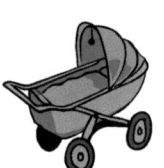

la poussette

de Kinnerwagen

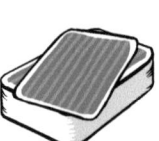

le jeu de cartes

dat Koortenspeel

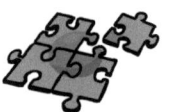

le puzzle

dat Puzzle

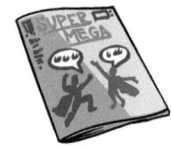

la bande dessinée

de Billergeschicht

les pièces lego

de Legostenen

les blocs de construction

de Bustenen

la figurine

de Action-Figur

la grenouillère

de Strampelantog

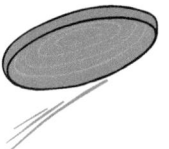

le frisbee

de Frisbeeschiev

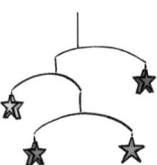

le mobile

dat Mobile

le jeu de société

dat Brettspeel

le dé

de Wörpel

le train miniature

de Modelliesenbahn

la sucette

de Snuller

la fête

de Party

le livre d'images

dat Billerbook

la balle

de Ball

la poupée

de Popp

jouer

spelen

le bac à sable

de Sandkassen

la balançoire

de Schuckel

les jouets

dat Speeltüüch

la console de jeu

de Speelkonsool

le tricycle

dat Dreerad

l'ours en peluche

de Teddyboor

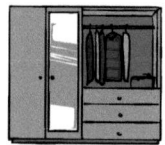

l'armoire

dat Klederschapp

## les vêtements
## dat Tüüch

les chaussettes

de Socken

les bas

de Strümp

le collant

de Strumpbüx

l'écharpe
dat Halsdook

le parapluie
de Paraplü

le t-shirt
dat T-Shirt

la ceinture
de Liefreem

les bottes
de Stevel

les pantoufles
de Puuschen

les baskets
de Turnschoh

les sandales
de Sandalen

les chaussures
de Schoh

les bottes de caoutchouc
de Gummistevel

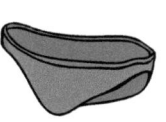

les sous-vêtements
de Ünnerbüx

le soutien-gorge
de Bostholler

le maillot de corps
dat Ünnerhemd

le body

de Lief

le pantalon

de Büx

le jean

de Jeansnüx

la jupe

de Rock

le chemisier

de Bluus

la chemise

dat Hemd

le pull

de Pullover

le sweat à capuche

de Kapuzenpullover

la veste

de Blazer

la veste

de Jack

le manteau

de Mantel

l'imperméable

de Övertrecker

le costume

dat Kostüm

la robe

dat Kleed

la robe de mariée

dat Hochtietskleed

le costume

de Antog

la chemise de nuit

dat Nachtkleed

le pyjama

de Slaapantog

le sari

de Sari

le foulard

dat Koppdook

le turban

de Turban

la burqa

de Burka

le caftan

de Kaftan

l'abaya

de Abaya

le maillot de bain

de Baadantog

le maillot de bain

de Baadbüx

le short

de Korte Büx

la tenue d'entraînement

de Antog to'n Öven

le tablier

de Schört

les gants

de Handschoh

le bouton

de Knopp

les lunettes

de Brill

le bracelet

dat Armband

le collier

de Halskeed

la bague

de Ring

la boucle d'oreille

de Ohrbummel

le bonnet

de Mütz

le cintre

de Klederbögel

le chapeau

de Hoot

la cravate

de Binner

la fermeture éclair

de Rietslüter

le casque

de Helm

les bretelles

dat Drachtband

l'uniforme scolaire

de Schooluniform

l'uniforme

de Uniform

le bavoir

de Severböten

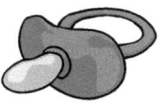

la sucette

de Snuller

la lange

de Winnel

## le bureau
## dat Büro

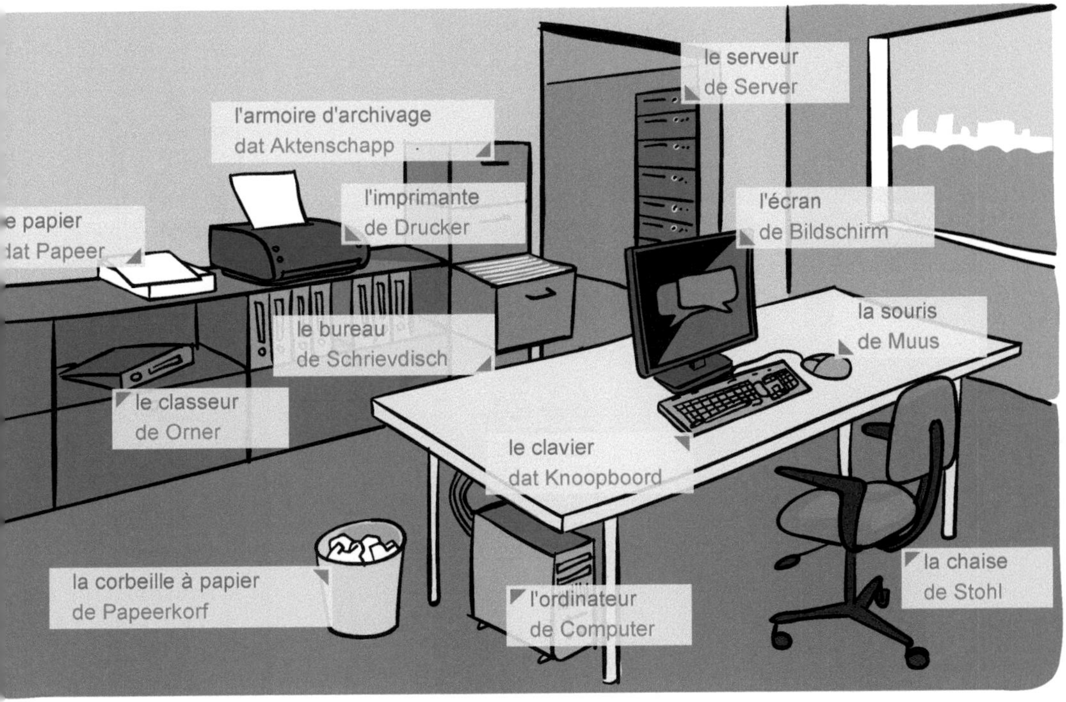

le serveur
de Server

l'armoire d'archivage
dat Aktenschapp

l'imprimante
de Drucker

l'écran
de Bildschirm

e papier
dat Papeer

le bureau
de Schrievdisch

la souris
de Muus

le classeur
de Orner

le clavier
dat Knoopboord

la corbeille à papier
de Papeerkorf

l'ordinateur
de Computer

la chaise
de Stohl

la tasse de café

de Koffiebeker

la calculatrice

de Taschenreekner

l'internet

dat Internet

l'ordinateur portable

de Klappreekner

la lettre

de Breef

le message

de Naricht

le portable

de Ackersnacker

le réseau

dat Nettwark

la photocopieuse

de Kopeerapparat

le logiciel

de Software

le téléphone

de Klöönkassen

la prise

de Steekdoos

le fax

de Faxapparat

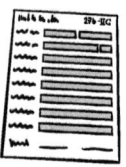

le formulaire

dat Formulor

le document

dat Dokument

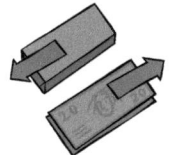

acheter

köpen

payer

betahlen

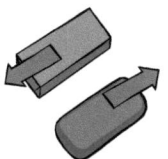

faire du commerce

hanneln

la monnaie

dat Geld

le dollar

de Dollar

l'euro

de Euro

le yen

de Yen

le rouble

de Ruvel

le franc suisse

de Swiezer Franken

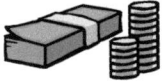

le renminbi yuan

de Renminbi Yuan

la roupie

de Rupie

le distributeur automatique

de Geldautomat

le bureau de change

de Wesselstuuv

l'or

dat Gold

l'argent

dat Sülver

le pétrole

dat Ööl

l'énergie

de Energie

le prix

de Pries

le contrat

de Verdrag

la taxe

de Stüer

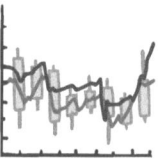

l'action

de Andeelschien

travailler

arbeiden

l'employé

de Anstellte

l'employeur

de Arbeitgever

l'usine

de Fabrik

le magasin

de Hökerie

# les professions
# de Profeschonen

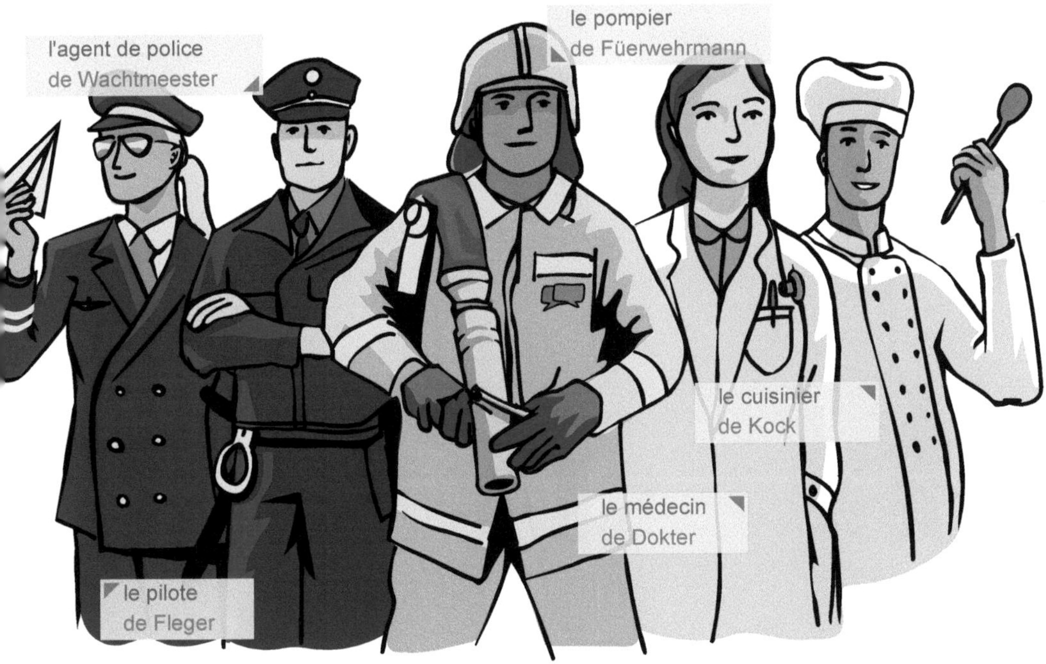
l'agent de police
de Wachtmeester
le pompier
de Füerwehrmann
le cuisinier
de Kock
le médecin
de Dokter
le pilote
de Fleger

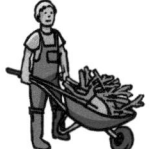

le jardinier

de Goorner

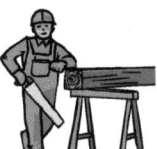

le menuisier

de Discher

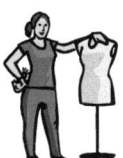

la couturière

de Neihersche

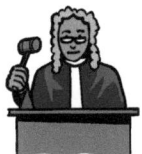

le juge

de Richter

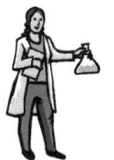

le chimiste

de Chemiker

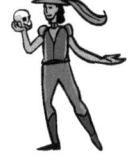

l'acteur

de Schauspeler

le conducteur de bus

de Busfohrer

le chauffeur de taxi

de Taxifohrer

le pêcheur

de Fischer

la femme de ménage

de Reinmaakfru

le couvreur

de Dackdecker

le serveur

de Kellner

le chasseur

de Jäger

le peintre

de Maler

le boulanger

de Bäcker

l'électricien

de Elektriker

l'ouvrier

de Buarbeider

l'ingénieur

de Ingenieur

le boucher

de Slachter

le plombier

de Klempner

le facteur

de Postbüdel

le soldat

de Suldat

l'architecte

de Architekt

le caissier

de Kasserer

le fleuriste

de Florist

le coiffeur

de Putzbüdel

le contrôleur

de Schaffner

le mécanicien

de Mechaniker

le capitaine

de Kaptein

le dentiste

de Tähndokter

le scientifique

de Wetenschopler

le rabbin

de Rabbi

l'imam

de Imam

le moine

de Mönk

le prêtre

de Paap

# les outils
# dat Warktüüch

le marteau
de Hamer
les pinces
de Tang
le tournevis
de Schruvendreiher
la clé
de Schruvenslötel
la torche
de Taschenlam

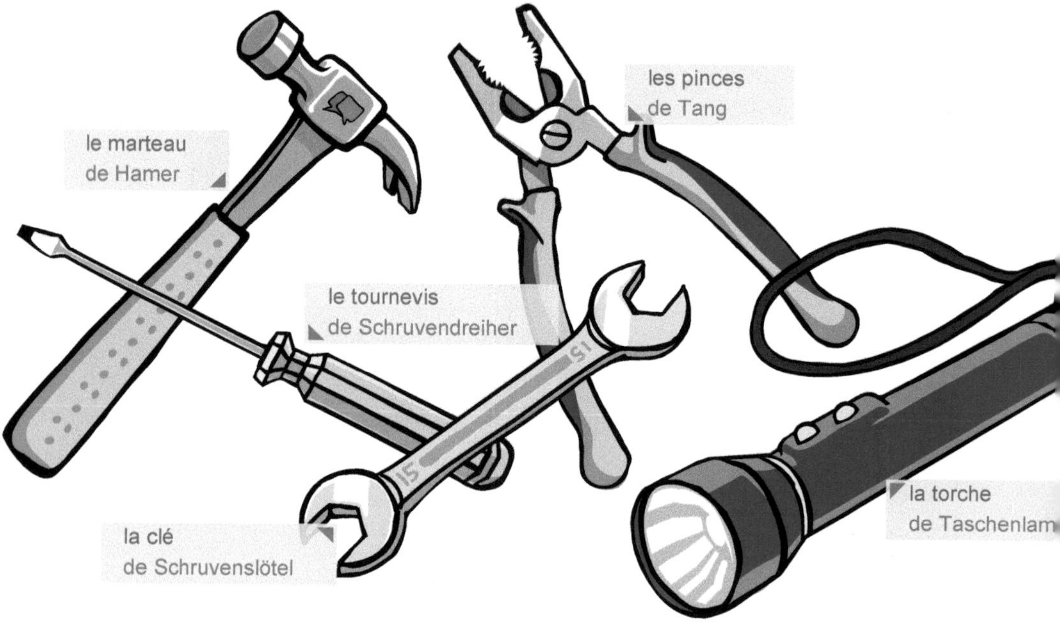

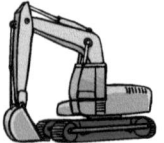

la pelleteuse

de Grieper

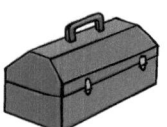

la boîte à outils

de Warktüüchkassen

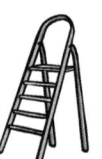

l'échelle

de Ledder

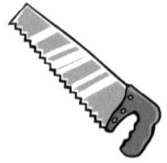

la scie

de Saag

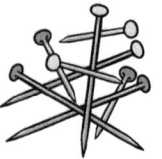

les clous

de Nagels

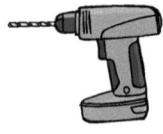

la perceuse

de Bohrer

réparer

heelmaken

la pelle

de Schüffel

Mince !

Schiet!

la pelle

dat Kehrblick

le pot de peinture

de Farvpott

les vis

de Schruven

## les instruments de musique
## de Musikinstrumenten

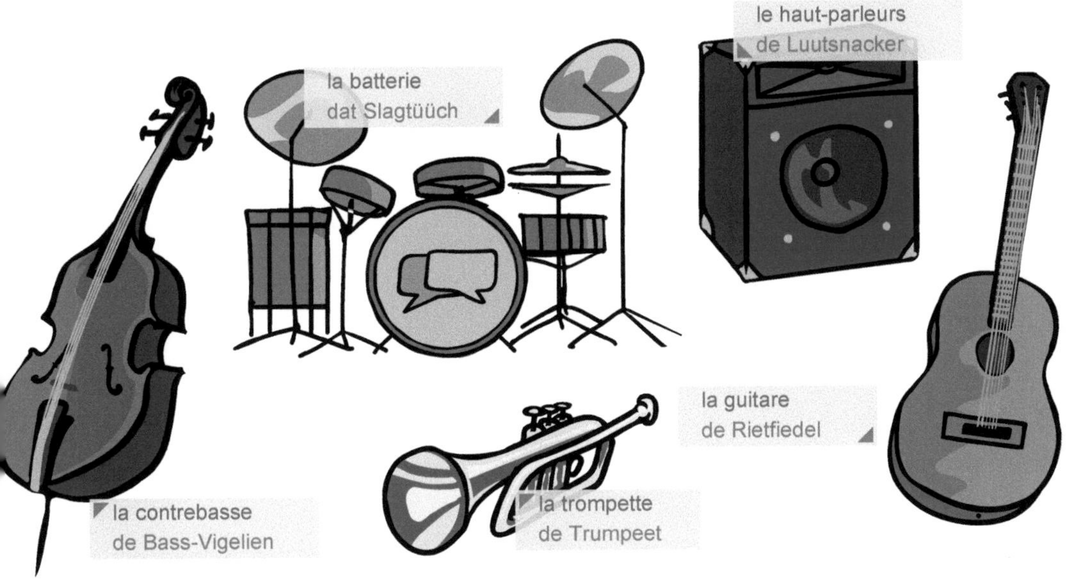

le haut-parleurs
de Luutsnacker

la batterie
dat Slagtüüch

la guitare
de Rietfiedel

la contrebasse
de Bass-Vigelien

la trompette
de Trumpeet

le piano

dat Klaveer

le violon

de Vigelien

la basse

de Bass

les timbales

de Pauk

le tambour

de Trummeln

le piano électrique

dat Keyboard

le saxophone

dat Saxophon

la flûte

de Fleut

le microphone

dat Mikrofoon

# le zoo
# de Deertenpark

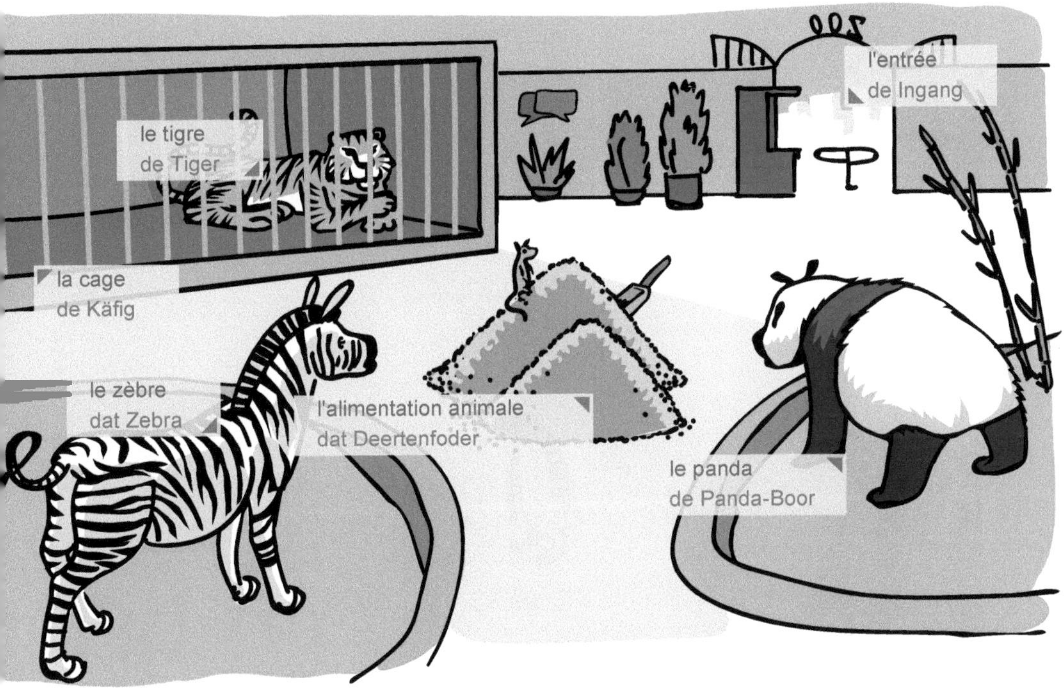
l'entrée
de Ingang
le tigre
de Tiger
la cage
de Käfig
le zèbre
dat Zebra
l'alimentation animale
dat Deertenfoder
le panda
de Panda-Boor

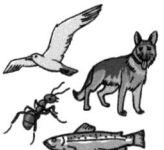

les animaux
de Deerten

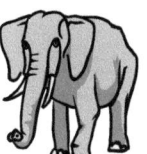

l'éléphant
de Elefant

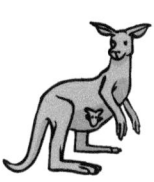

le kangourou
dat Känguru

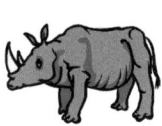

le rhinocéros
dat Neeshoorn

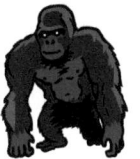

le gorille
de Gorilla

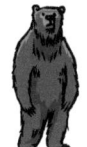

l'ours
de Boor

le chameau

dat Kameel

l'autruche

de Struuß

le lion

de Lööv

le singe

de Aap

le flamand rose

de Flamingo

le perroquet

de Papagoi

l'ours polaire

de Iesboor

le pingouin

de Pinguin

le requin

de Haifisch

le paon

de Pageluun

le serpent

de Slang

le crocodile

dat Krokodil

le gardien de zoo

de Oppasser in'n
Deertenpark

le phoque

de Saalhund

le jaguar

de Jaguor

le poney

dat Pony

le léopard

de Leopard

l'hippopotame

dat Nilpeerd

la girafe

de Giraff

l'aigle

de Aadler

le sanglier

dat Wildswien

le poisson

de Fisch

la tortue

de Schildkrööt

le morse

dat Walross

le renard

de Voss

la gazelle

de Gazell

l'american Football
de Amerikaansch Football

le cyclisme
dat Radfohren

le tennis
dat Tennis

le basket-ball
de Korfball

la natation
dat Swümmen

la boxe
dat Boxen

le hockey sur glace
dat Ieshockey

le football
de Football

le badminton
dat Fedderball

l'athlétisme
de Leichtathletik

le handball
de Handball

le ski
dat Skilopen

le polo
dat Polo

rire
lachen

sauter
springen

embrasser
ümarmen

marcher
gahn

chanter
singen

rêver
drömen

prier
beden

faire la bise
snuteln

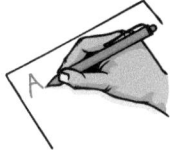

écrire

schrieven

dessiner

teken

montrer

wiesen

pousser

drücken

donner

geven

prendre

nehmen

avoir
hebben

faire
doon

être
sien

être debout
stahn

courir
lopen

trier
trecken

jeter
smieten

tomber
fallen

être couché
liggen

attendre
töven

porter
dregen

être assis
sitten

s'habiller
antrecken

dormir
slapen

se réveiller
opwaken

regarder
ankieken

pleurer
wenen

caresser
eien

peigner
kämmen

parler
snacken

comprendre
verstahn

demander
fragen

écouter
hören

boire
drinken

manger
eten

ranger
oprümen

aimer
leefhebben

cuire
kaken

conduire
fohren

voler
flegen

les activités - de Aktivitäten

faire de la voile
segeln

calculer
reken

lire
lesen

apprendre
lehren

travailler
arbeiden

se marier
de Plünnen tohoopsmieten

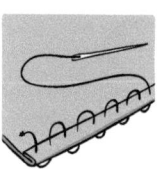

coudre
neihen

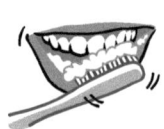

brosser les dents
Tähnen putzen

tuer
dootmaken

fumer
smöken

envoyer
schicken

# la famille
# de Familje

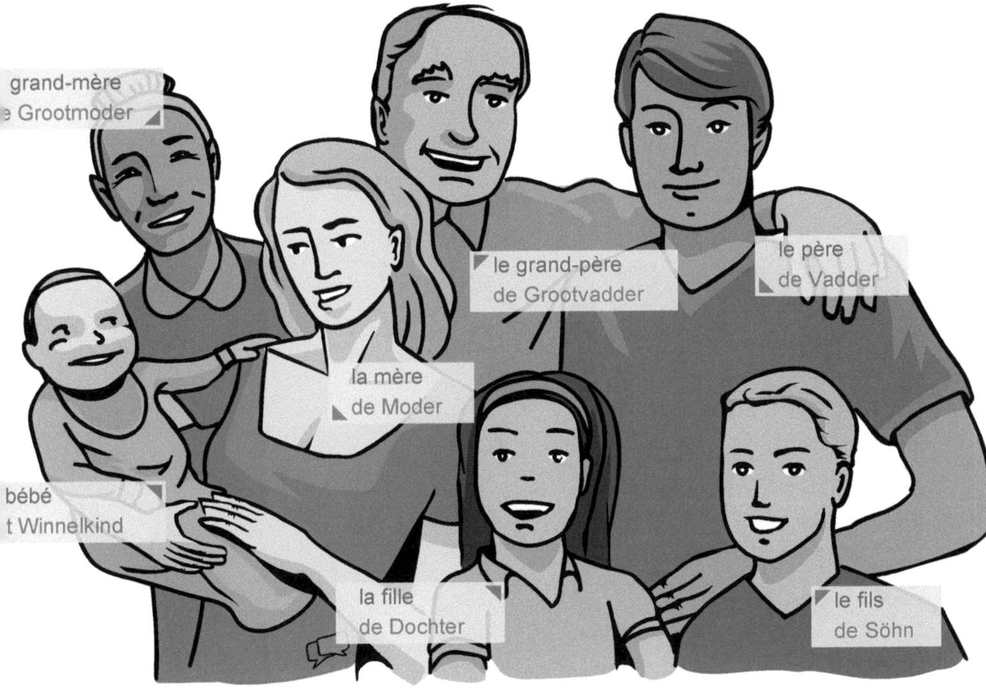

grand-mère
e Grootmoder
le grand-père
de Grootvadder
le père
de Vadder
la mère
de Moder
bébé
t Winnelkind
la fille
de Dochter
le fils
de Söhn


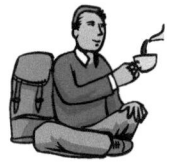

l'hôte
..................
de Gast

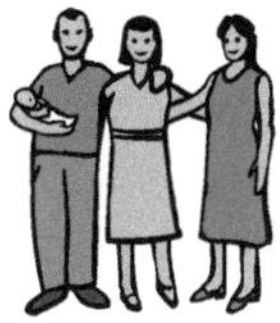

la tante
..................
de Tant

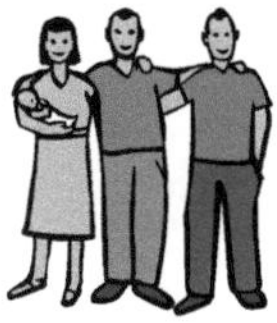

l'oncle
..................
de Unkel

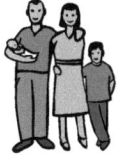

le frère
..................
de Broder

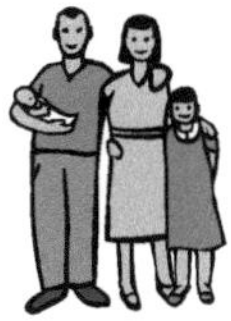

la sœur
..................
de Süster

# le corps
# de Lief

le front
de Vörkopp
l'œil
dat Oog
l'épaule
de Schuller
le doigt
de Finger
le visage
dat Gesicht
le menton
dat Kinn
la main
de Hand
la jambe
dat Been
la poitrine
de Bost
le bras
de Arm


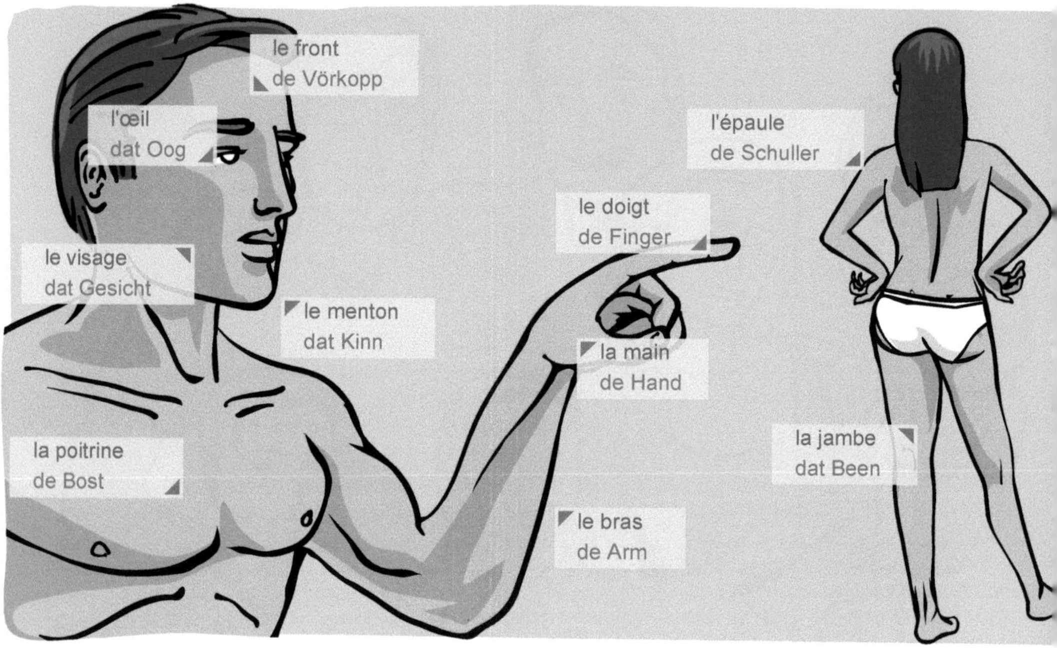

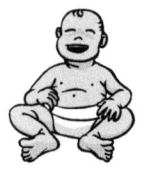

le bébé

dat Winnelkind

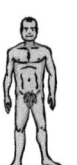

l'homme

de Mann

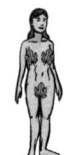

la femme

de Fro

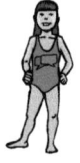

la fille

de Deern

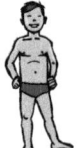

le garçon

de Jung

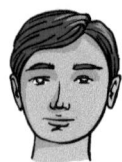

la tête

de Arm

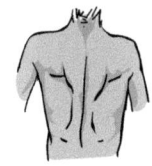

le dos
................
de Rüch

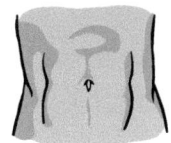

le ventre
................
de Buuk

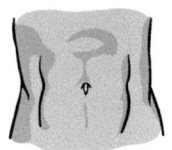

le nombril
................
de Navel

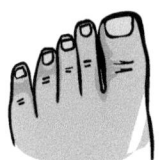

l'orteil
................
de Teh

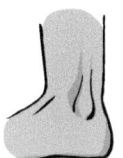

le talon
................
de Hack

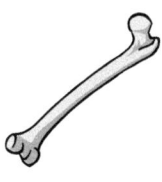

l'os
................
de Knaken

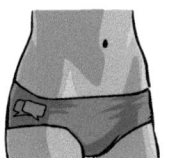

la hanche
................
de Hüft

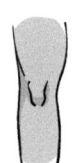

le genou
................
dat Knee

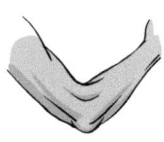

le coude
................
de Ellbagen

le nez
................
de Nees

les fesses
................
de Achtersen

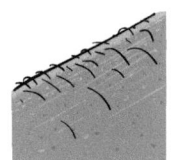

la peau
................
de Huut

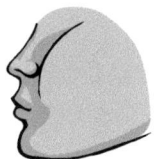

la joue
................
de Back

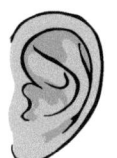

l'oreille
................
dat Ohr

la lèvre
................
de Lipp

la bouche
de Mund

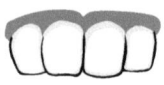

la dent
de Tähn

la langue
de Tung

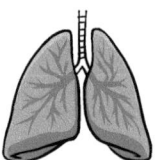

le cerveau
de Bregen

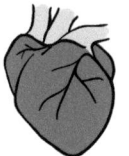

le cœur
dat Hart

le muscle
de Muskel

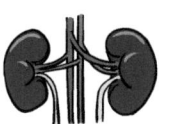

les poumons
de Lung

le foie
de Lever

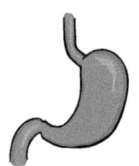

l'estomac
de Maag

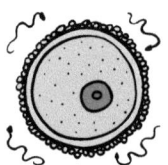

les reins
de Neren

le rapport sexuel
de Bislaap

le préservatif
dat Kondoom

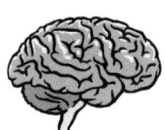

l'ovule
de Eizell

le sperme
dat Sperma

la grossesse
de Anner Ümstänn

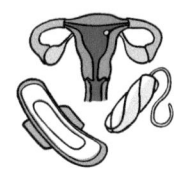

la menstruation
................
de Menstruatschoon

le vagin
................
de Scheed

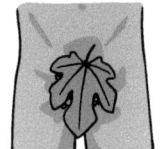

le pénis
................
de Pint

le sourcil
................
de Ogenbroe

les cheveux
................
dat Hoor

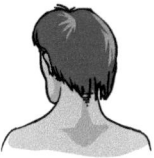

le cou
................
de Hals

# l'hôpital
# dat Krankenhuus

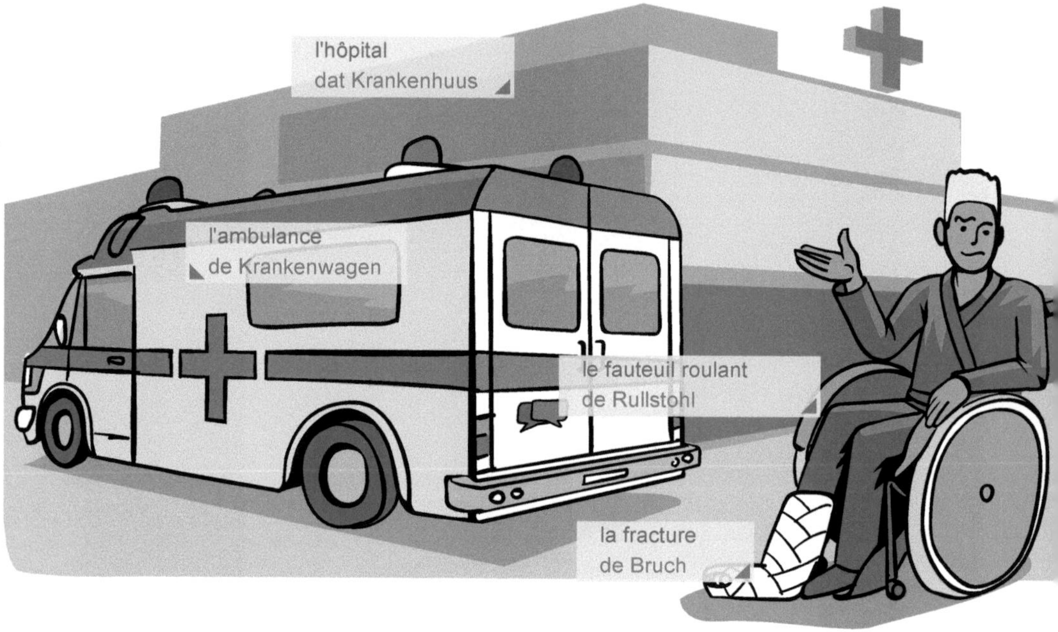

l'hôpital
dat Krankenhuus
l'ambulance
de Krankenwagen
le fauteuil roulant
de Rullstohl
la fracture
de Bruch

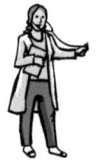

le médecin

de Dokter

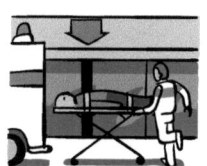

le service des urgences

de Nootopnahm

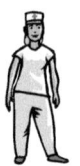

l'infirmière

de Krankensüster

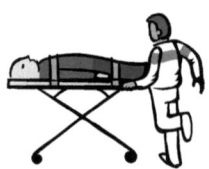

l'urgence

de Nootfall

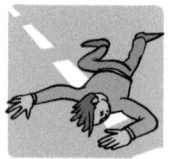

inconscient

ahnmächtig

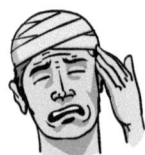

la douleur

de Wehdaag

la blessure

de Verwunnen

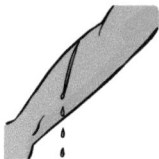

l'hémorragie

de Blöden

la crise cardiaque

de Hartinfarkt

l'attaque cérébrale

de Slaganfall

l'allergie

de Allergie

la toux

de Hoosten

la fièvre

dat Fever

la grippe

de Gripp

la diarrhée

de Dörchfall

le mal de tête

de Koppwehdaag

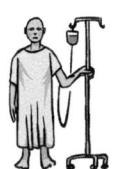

le cancer

de Kreeft

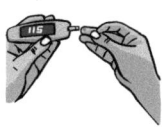

le diabète

de Zuckersüük

le chirurgien

de Chirurg

le scalpel

dat Chirurgsch Mess

l'opération

de Operatschoon

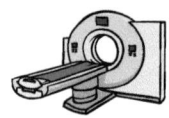

le CT

dat CT

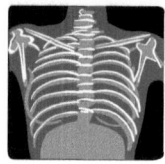

la radiographie

de Dörchlüchten

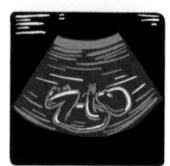

l'échographie

de Ultraschall

le masque

de Mask

la maladie

de Krankheit

la salle d'attente

de Töövruum

la béquille

de Krück

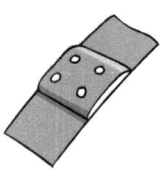

le pansement

dat Plaaster

le pansement

de Verband

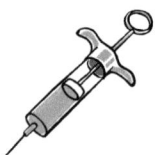

l'injection

de Insprütten

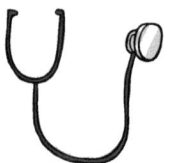

le stéthoscope

dat Stethoskop

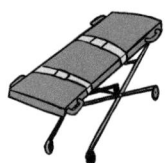

le brancard

de Draag

le thermomètre

dat Feverthermometer

l'accouchement

de Geboort

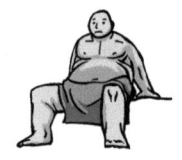

la surcharge pondérale

dat Övergewicht

l'appareil auditif

de Höörapparat

le désinfectant

dat Kiemfriemiddel

l'infection

de Ansteken

le virus

de Virus

le VIH / le sida

dat HIV / AIDS

le médicament

dat Heelmiddel

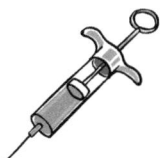

la vaccination

de Impen

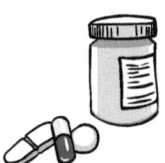

les comprimés

de Tabletten

la pilule

de Pill

l'appel d'urgence

de Nootroop

le tensiomètre

de Blootdruck-Meter

malade / sain

krank / gesund

l'alarme

de Alarm

l'assaut

de Överfall

Au secours !

Hölp!

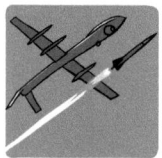

l'attaque

de Angreep

le danger

de Gefohr

la sortie de secours

de Nootutgang

Au feu!

dat Füer!

l'extincteur

de Füerlöscher

l'accident

de Unfall

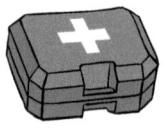

la trousse de premier
secours

de Noothölpkoffer

SOS

SOS

la police

de Polizei

l'Europe

Europa

l'Amérique du Nord

Noordamerika

l'Amérique du Sud

Süüdamerika

l'Afrique

Afrika

l'Asie

Asien

l'Australie

Australien

l'Océan atlantique

de Atlantik

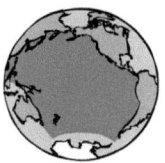

l'Océan pacifique

de Pazifik

l'Océan indien

dat Indisch Weltmeer

l'Océan antarctique

dat Antarktisch Weltmeer

l'Océan arctique

dat Arktisch Weltmeer

le Pôle nord

de Noordpol

le Pôle sud

de Süüdpol

l'Antarctique

de Antarktis

la terre

de Eerd

le pays

dat Land

la mer

de See

l'île

dat Eiland

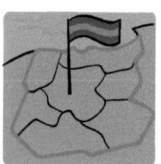

la nation

de Natschoon

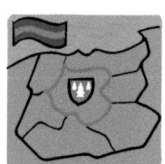

l'état

de Staat

le cadran

dat Tallenblatt

l'aiguille des heures

de Stunnenwieser

l'aiguille des minutes

de Minutenwieser

l'aiguille des secondes

de Sekunnenwieser

Quelle heure est-il ?

Wo laat is dat?

le jour

de Dag

le temps

de Tiet

maintenant

nu

la montre digitale

de digetaalsch Klock

la minute

de Minuut

l'heure

de Stunn

# la semaine
## de Week

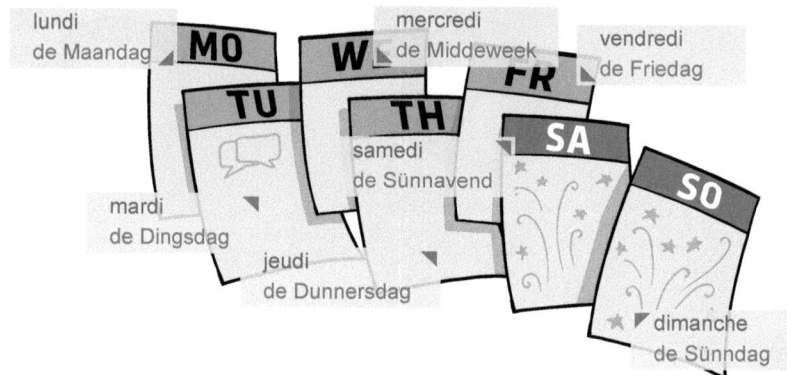

lundi
de Maandag

mercredi
de Middeweek

vendredi
de Friedag

samedi
de Sünnavend

mardi
de Dingsdag

jeudi
de Dunnersdag

dimanche
de Sünndag

hier

güstern

aujourd'hui

hüüt

demain

morgen

le matin

de Morgen

le midi

de Meddag

le soir

de Avend

les jours ouvrables

de Arbeitsdaag

le week-end

dat Wekenenn

# l'année
# dat Johr

la pluie
de Regen
l'arc-en-ciel
de Regenbagen
la neige
de Snee
le vent
de Wind
le printemps
dat Fröhjohr
l'automne
de Harvst
l'été
de Sommer
l'hiver
de Winter

4.APRIL 11°
5.APRIL 4°
6.APRIL 13°
7.APRIL 8°
8.APRIL 10°

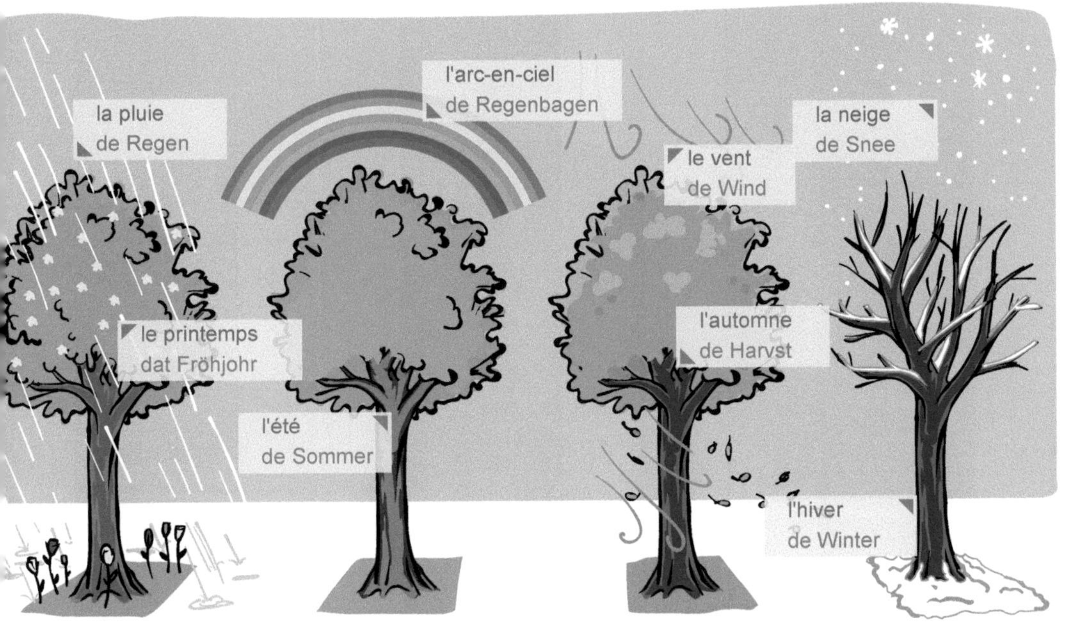

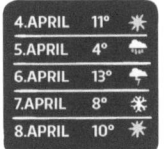

la météo

de Wedervörhersaag

F C
120 40
30
90 20
60 10
30 0
0 -10
-30 -20

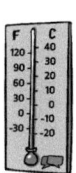

le thermomètre

dat Thermometer

la lumière du soleil

de Sünnenschien

le nuage

de Wulk

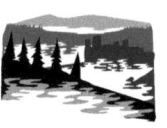

le brouillard

de Nevel

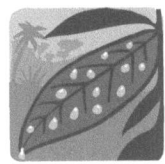

l'humidité

de Luftfuchtigkeit

la foudre

de Blitz

la tonnerre

de Dunner

la tempête

de Storm

la grêle

de Hagel

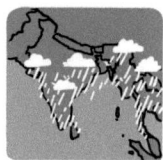

la mousson

de Monsun

l'inondation

de Floot

la glace

dat les

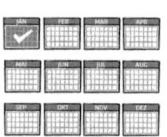

janvier

de Januormaand

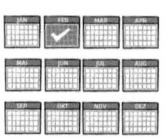

février

de Februormaand

mars

de Martmaand

avril

de Aprilmaand

mai

de Maimaand

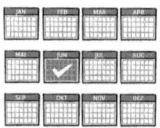

juin

de Junimaand

juillet

de Julimaand

août

de Augustmaand

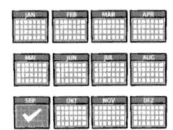

septembre
..................
de Septembermaand

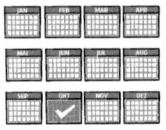

octobre
..................
de Oktobermaand

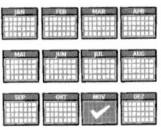

novembre
..................
de Novembermaand

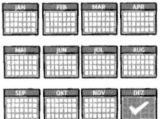

décembre
..................
de Dezembermaand

# les formes
# de Formen

le cercle
..................
de Krink

le carré
..................
dat Quadrat

le rectangle
..................
dat Rechteck

le triangle
..................
dat Dreeeck

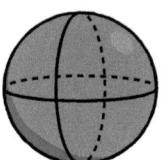

la sphère
..................
de Kugel

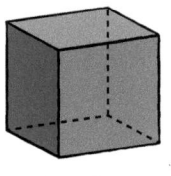

le cube
..................
de Wörpel

blanc

witt

jaune

geel

orange

orangsch

rose

pink

rouge

root

violet

lila

bleu

blau

vert

gröön

marron

bruun

gris

gries

noir

swart

beaucoup / peu

veel / wenig

fâché / calme

böös / verdreeglich

joli / laid

smuck / mies

le début / la fin

de Begünn / dat Enn

grand / petit

groot / lütt

clair / obscure

hell / düüster

frère / soeur

de Broder / de Süster

propre / sale

schier / schietig

complet / incomplet

kumpleet / nich kumpleet

le jour / la nuit

de Dag / de Nacht

mort / vivant

doot / lebennig

large / étroit

breet / small

comestible / incomestible

geneetbor / nich geneetbor

méchant / gentil

böös / fründlich

excité / ennuyé

fickerig / langwielt

gros / mince

dick / dünn

le premier / le dernier

toeerst / toletzt

l'ami / l'ennemi

de Fründ / de Fiend

plein / vide

vull / leddig

dur / souple

hart / week

lourd / léger

swoor / licht

faim / soif

de Smacht / de Döst

malade / sain

krank / gesund

illégal / légal

nich na't Recht / na't Recht

intelligent / stupide

klook / dummerhaftig

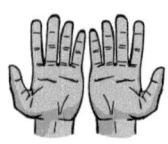

gauche / droite

linkerhand / rechterhand

proche / loin

neeg / feern

nouveau / usé

nieg / bruukt

rien / quelque chose

nix / wat

vieux / jeune

oolt / jung

marche / arrêt

an / ut

ouvert / fermé

apen / slaten

faible / fort

lies / luut

riche / pauvre

riek / arm

correct / incorrect

richtig / verkehrt

rugueux / lisse

ruug / glatt

triste / heureux

trurig / glücklich

court / long

kort / lang

lent / rapide

suutje / flink

mouillé / sec

natt / dröög

chaud / froid

warm / köhl

la guerre / la paix

de Krieg / de Freden

# les nombres

## de Tallen

**0**

zéro

null

**1**

un / une

een

**2**

deux

twee

**3**

trois

dree

**4**

quatre

veer

**5**

cinq

fief

**6**

six

söss

**7**

sept

söven

**8**

huit

acht

**9**

neuf

negen

**10**

dix

teihn

**11**

onze

ölven

## 12
douze

twölf

## 13
treize

dörteihn

## 14
quatorze

veerteihn

## 15
quinze

föffteihn

## 16
seize

sössteihn

## 17
dix-sept

söventeihn

## 18
dix-huit

achtteihn

## 19
dix-neuf

negenteihn

## 20
vingt

twintig

## 100
cent

hunnert

## 1.000
mille

dusend

## 1.000.000
le million

million

# les langues
## de Spraken

l'anglais

dat Engelsch

l'anglais américain

dat Amerikaansch Engelsch

le chinois mandarin

dat Chineesch Mandarin

le hindi

dat Hindi

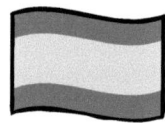

l'espagnol

dat Spaansch

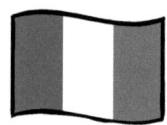

le français

dat Franzöösch

l'arabe

dat Araabsch

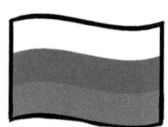

le russe

dat Rusch

le portugais

dat Portugiesch

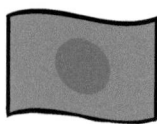

le bengali

dat Bengaalsch

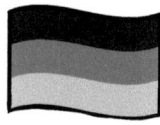

l'allemand

dat Düütsch

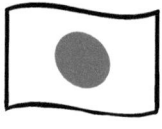

le japonais

dat Japaansch

je
........
ik

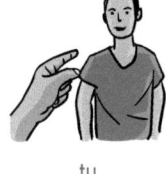

tu
........
du

il / elle / ce, c', cela
........
he / se / dat

nous
........
wi

vous
........
ji

ils / elles
........
se

Qui ?
........
keen?

Quoi ?
........
wat?

Comment ?
........
woans?

Où ?
........
woneem?

Quand ?
........
wannehr?

le nom
........
de Naam

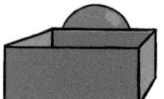

derrière

achter

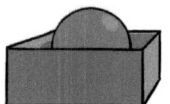

dans

in

devant

vör

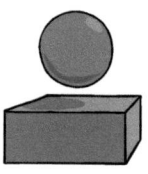

au-dessus

över

sur

op

en-dessous

ünner

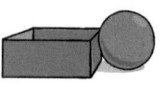

à côté de

blangen

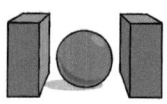

entre

twüschen

le lieu

de Oort